聖なる力が味方になる

雲水修行

K・J・深谷

SOGO HOREI PUBLISHING CO., LTD

はじめに　聖なる富を引き寄せるお坊さんの修行

宇宙には豊かさや富が遍満しています。

その大いなるエネルギーは、常に私たちに降り注がれていて、本来ならば、人はそれを感じながら生きていくことができる生き物です。

しかし、実際は仕事や人間関係のトラブルでイライラしたり、病気になったりなど、一日をただ過ごすだけでも疲れてしまいますね。

もし宇宙の豊かさを引き寄せることができれば、そんな心とカラダの疲れから解放され、心の自由性を取り戻すことができます。

宇宙の富を引き寄せるためには、パイプをつなげるだけです。そのための方法として、本書がおすすめするのが「雲水修行」です。

お寺の僧侶が日々行っている修行にはすべての行為に意味があり、その修行を全うすることにより悟りを開くことを目指します。

そんな修行は一部のお寺で誰でも体験させてもらえます。ただ、それには少し時間を要します。

そこで本書では、本格的にお寺にこもって行う雲水修行を、自宅でもできる簡単な作法としてご紹介しています。日々を修行とすることで宇宙とつながる方法が見つかるように導きます。

雲水修行は、心を見つめることからはじまります。本来の自己を取り戻し、その自分を最大限に輝かせるための修行です。

あなたの心のカンバスは、真っ白です。そのカンバスにどんな絵を描きますか？　あなたが心で思い続けていることは、しっかりとカンバスに刻み込まれてゆきます。

そうであるならば、豊かな絵を描き続けたいですね。豊かで無限の富を引き寄せるために、心を磨きましょう。

心を磨くことで、くつろぎ・安らぎを得ることができ、今まで感じたことのないような平安の境地を味わうことができるでしょう。

そのために座禅や瞑想の修法があるのです。

忙しく日々を過ごしていても、雲水修行をしていると心が落ち着き、安らぎを感じることができるはずです。毎日の生活のなかに雲水修行の作法を取り入れることで、新たな自分を発見することができます。

すると、宇宙に溢れている豊かさや富、発展・繁栄のエネルギーを引いてくることもできるようになるのです。

雲水修行で病気が治った、人間関係が良くなった、仕事で成功した等のたくさんのいい話を私は聞いてきました。

特にこの本では、雲水修行を通じて宇宙の無限のエネルギーや無限の豊かさとつながる方法を話したいと思います。

大富豪の間で、連綿と語り継がれてきたものの、誰も見たこともない、触ったこともない。しかし「その存在があるということは確実だ」。

――そんな宇宙の富の引き寄せ方を、雲水修行という仏教的方法論で、開示しましょう。

あなたの運が格段に上がることでしょう。

もくじ

聖なる力が味方になる雲水修行 ● もくじ

第3章 新しい才能が開花する

装丁　重原　隆
組版　横内俊彦

第1章

心の宇宙を広げる雲水修行

雲水修行とは何か

「雲水」という言葉を知っている方は少ないと思います。

仏教関係の仕事に携わっている方ならともかく、一般的には耳慣れないようです。

本書では、本格的な仏教論や修行論を使わずに、なるべく分かりやすいように工夫し雲水修行の効果をお伝えしようと思います。

修行方法は、各宗派の仏教寺院によっても違います。なので、ざっくばらん、わしづかみ、いいとこ取り。

難しい修行方法や専門用語は、機会があればお話ししましょう。

雲水とは、人生の一時期、仏門に入ることです。

つまり、期間限定の出家です。

お寺によって受け入れ方は様々なのですが、お寺に半年から一年住み込んで修行する場合と、仕事の休みの日を仏に奉仕するというやり方があります。

土曜日や日曜日の週末をお寺に通って、雲水修行をする方も最近では増えてきています。簡単に言えば、パートタイムの出家です。

情報化社会となり価値観が乱立している時代は、何が真実で何が偽りなのか分からない方が多いようです。

ブームや流行の仕掛け人が作った流れに乗っては見たものの、ほんの一年でそのブームも去ってゆきます。

そしてまた、次なる仕掛け人の放った流行の波に乗せられてゆく。

皆と同じ価値観を共有していれば、何となく安心するもの。けれども、それって人生の本当の意味や自分の個性を伸ばすことも知らない、ただ忙しいだけの毎日なのではないでしょうか？

なんとなくそれは分かっているけれど、どうしていいか分からない。心の奥底では、不安を感じているし、本当は未来への希望なんてない。だから、このまま現状維持でいたほうがリスクは少ない。

仕事の不安、リストラの不安、知り合いが病気になったと知れば、「自分も、もしかしたら？」などとふと考えてしまう。

健康の不安、今までうまく行っていた人間関係が崩れていく不安、結婚の不安、離婚の不安、経済的不安、政治にも国にも頼れない不安――。そんな声があちこちから聞こえてきます。

雲水修行とは、そういった一時的な価値観に捕らわれずに、サラサラと流れる水のように、あるいは大空を遥か行く雲のように、光に満ちた人生を送るためのものです。

もっと簡単な言葉で言えば、仏様のボランティア。お寺や精舎で作務――境内の掃除をしたり、座禅、読経――をすることです。

フランスやスイスなどでも、座禅が流行っています。また、欧米でも「テンプル・ステイ」と言って、お寺に泊まって数日を過ごす若者や女性が増えています。

日本には、これだけ仏教寺院があるのですからありがたいことです。

仕事で疲れていても、週末にお寺に向かう時間のなかで、人間関係のしがらみから解放されてゆくのを感じます。

人間関係だけでなく、経済問題、家庭問題、恋愛関係や病の苦しみなど、様々な悩みが他人事のように感じられるのです。

それはまるで、別の自分になってゆくような感覚です。

今は、週末に泊り込むという修行だけでなく、日帰りや半日、数時間でも、受け入れてくれるお寺もあるようなので、門戸が広くなっていいます。

精舎やお寺の宿坊に泊まるだけでも、いつもと違う気分を味わえます。しん、とした精妙な空間に身を置き、下界の一切の問題をシャットアウトしてしまう。

そのなかには神秘体験をされる方、病気が治った、夢が叶った、などという話もたくさんあります。

難病で人生に絶望していた三十代の女性が、たった三ヶ月間、週末に雲水修行に通っただけで、別人のように変わりました。

病気の不安で親元から離れられなかった彼女は、今、一人暮らしをしています。仕事もしています。

明るく前向きになったせいか、気になっていた人から交際を申し込まれたそうです。

結婚することなど、考えることもできなかった人生から、一変してしまいました。さらに、数人の男性からも交際を申し込まれ、引く手あまた状態。

仕事もしながら、充実した結婚生活を実現できる相手を選んだようです。

彼女は「宇宙の富」を引き寄せる法則を知っているのではないかと思います。おかしな話ですが、雲水修行で人生が豊かになるのです。

生き方が根底から変わってしまい、宇宙の富の引き寄せ方をマスターしてしまう方もいます。

錬金術のような話ですが、本当なのです。

本当の自分は大黒天

ちまたでは、ファッションやメイクの雑誌が書店やコンビニに並んでいます。どうやったら美しくなれるか、カッコよくなるか、そんな方法を伝えるために、モデルを使った写真で素敵に飾っています。

しかし、本当の美しさ、カッコよさは、実はその人の心の中身で決まるのです。

心の持ち方や心の磨き具合で、顔つきや雰囲気は、まったく変わってしまうもの。

たとえば、「男は四十歳を過ぎてからだ」、という言葉があります。

若いころにイケメンだとしても、四十歳を過ぎるとまったく魅力を感じられない人もいます。

また、若いころはそれほど目立つような顔立ちでなくても、年齢を重ねると素敵になってゆく男性もいます。

男性だけでなく、女性もそうです。

メイクやファッションだけではない、その人の醸し出している内面的な魅力はごまかせないものです。

その内面的な魅力とは、心を磨き続けている人が放つ独特のオーラです。

そしてその心を磨く第一歩とは、まず、自分の心を見つめることからはじまります。

そうは言っても、日々の喧騒の中にいては、とても自分の心を見つめることなどできないでしょう。

雲水修行をする人は、そのためにお寺や精舎に出かけて、座禅や読経・写経、そして瞑想や境内の環境整備をするのです。

雲水修行を行うと、波だっている心をゆっくりと鎮めてゆくことで、何ともいえない穏やかな気分や安らぎを感じるようになり、癒されてゆきます。

静かな湖面のように心の波立ちが納まってくると、漠然とした不安が薄らいで、小春日和の窓辺でうたたねをしているような、暖かで優しい気持ちになれます。

そして、そんな修行はもちろん家で行ってもかまわないのです。

本書が目指すところは、お寺にいって行う特別な印象がある雲水修行を日ごろの生活や思考に密着させて、何気ない日々が雲水修行になるということです。

人は、外見ばかり綺麗にしても、心が汚れている人には、何となく近づきたくないものです。まして、自分の心を見つめることすら考えたこともない人が、現代には多くなっているようです。

もしも、一日のうちのたった五分間でも自らの心を見つめる習慣を持つことができれば、世の中はもっともっと良くなるでしょう。

人間関係のトラブルから来る事件や病気も減り、平和で安全な世界になると思いませんか？

そして自分の心が、綺麗になり浄化されることで、地球にも小さな癒しの光が灯ると思うのです。

マイケル・ジャクソンは、地球を癒す歌を作りましたが、心を見つめ、自分の心を天の方向へと正すことで、自分も地球も癒されるのです。マイケル・ジャクソンも大黒天でしたね。

私は今、「宇宙の富の引き寄せ方の最終兵器をなんとしても伝えたい」と思って、この本を書いています。

だって、宇宙には無限の富が溢れていて、それを受け止める人を待っているのですから。

その宇宙の富とは、たった一握りの大富豪の方々の間で密かに、連綿と語り継がれてきたものです。

誰一人として見たこともない、触ったこともない、そして、引き寄せ方も知らない。

けれども、それがあることだけは疑いようのない事実なのです。

ここでご紹介する引き寄せの方法とは、ちょっと今までのありふれているものとは違う印象があるかと思います。それが雲水修行です。

雲水修行を通した、引き寄せの方法をなるべく分かりやすく、簡単にゲットしていただきたいと思います。

縁あってこの本を手にした方は、きっと「宇宙の富の神様から呼ばれてしまった」のでしょうね。

あなたは本来、大黒天なのです。

現実がどうあれ、貯金残高がいくらであれ、心の世界においては一切関係ありません。その豊かさを本気で信じられるかどうか、この一点にかかっています。

心配しなくても大丈夫です。

自転車の乗り方と同じで、最初は補助輪がないと乗れませんよね。

次に、片方の補助輪を外します。

乗れることで、うれしくて自信がつき、いつの間にか自転車に乗れることが当たり前になってゆきます。

まず、信じてください。

あなたの天の蔵には、莫大な豊かさと富が眠っているのです。

実際に見ることができず触ることができなくとも、本当なのです。

その天の蔵にある富を降ろしてくるために、心の宇宙を広げましょう。

異次元パワーを知ると困っても困らない

さて、物事には何事も段取りや契約、決まりやルールというものがあります。このルール通りに物事が運ばないと、仕事でも家庭でも人間関係でもうまくいかず、へこんだことがある方も多いでしょう。

日本の昔話には、このルールのエキスがたくさん詰まっています。

「花さかじさん」や「かぐや姫」「浦島太郎」など、長い間語り継がれてきた民話のなかに、教訓があります。

読んだこと、ありますか？

そして、突然、そのルールや教訓がワープしてしまうような内容もあります。

「かぐや姫」などは、おじいさんが光る竹を見て不思議に思い、切ってみると、この世のものとは思えない美しい姫が大判小判と共に現れた、とあります。

「花さかじいさん」も、ポチが「ここ掘れ！　ワンワン」と吠えるので掘ってみると、大判小判がざくざく！

日本の昔話には、金貨がざくざくの豊かな話が多いと思いませんか？

マルコ・ポーロが「東方見聞録」に記したように、日本は道路も家もすべて黄金でできている国なのです。

それを素直に信じられたあなたは、かなり豊かな魂ですね。透明感のある心を持つことができ、神様仏様は人間を豊かにしたくて、いつもそのことを考えている！　と信じられること。

そのことが分かれば、本当に大判小判があなたの頭上に降り注ぎます。

それは、人間が作ったルールや規則を超えた、もう一つの力が働きはじめるからです。

人間が作ったルールや規則を超えた「もう一つの力」とは何でしょう。それは、この世の常識を超えた力です。

簡単に言えば「異次元パワー」。

「花さかじいさん」の物語を思い出してみてください。花さかじいさんは、いじわるじいさんにひどい仕打ちを受けても、それを恨むことなく、サラサラと流していました。すると一時期、困ったような事態が起きてきても、次には驚くような豊かさがやってきました。

もし、花さかじいさんが、いじわるじいさんに仕返しをしようと思ったとしたら、同じくらい意地の悪い人になっていたと思います。

波長同通の法則というものがあり、相手からひどい仕打ちを受け、何とか仕返しをしてやろうと思っているうちに、相手の波長と同じような心の状態になってしまう、という法則です。

だから花さかじいさんは、どんなことをされても――可愛がっていたポチを殺されても――根に持つことなく、せっせと次の良い種を蒔いていたのです。すると異次元パワーが働き、どんどん豊かさを引き寄せてしまったのです。

日本の昔話に、すでに異次元パワーが紹介されているのです。何だかすごいことですね。

日本人は、そのことを心のどこかで知っているようです。思い出してみてください。あなたも、そんな不思議な体験をしたことがありませんでしたか？

たとえば、いつも気にかけてくれる人がいて、最初はそんなに興味がなかったのに、何度か話しているうちに「もしかして、この人と過去世でソウルメイトだったのかもしれない」と、ある瞬間に気がついてしまうとか。
けれども、気にかけて声をかけてくれる人は、もっと前に分かってい
て、知らぬは自分だけだったなんてこともあります。
また、意地悪な人が職場や近くにいて、憂鬱な日々を送っていたのに、
「もう、こんなにひどい人とは、一緒にいたくない！」と思った翌日に
その人が熱を出して寝込んでしまったり、転勤になったりという話もよ
く聞きます。
純粋に頑張っている人を、妬んだり嫉妬したり、邪魔をすると、一時
的には成功したように見えますが、そういう心の真っ黒な人はどこかで
必ず躓いてしまうのです。
それは宇宙の法則に逆らっているからです。
そして、宇宙の法則――つまり、神様仏様に愛されている人に真っ黒
な思いを向けると、最終的には、自分に返ってくるのです。しかも、自

分の発した黒い心やマイナスが何倍にも増幅されて戻ってきます。

さて、異次元パワーを使ってたったの数日で、豊かになってしまった友人の話をこっそりと教えます。

その方は、困ったことが起きてくると、「困っても困らない！」とプラスの言葉を常に口にしていたそうです。

また、小さないいことがあると大きく感謝をして、プラスの念いを増幅させるように心がけていました。

小さないいことや小さな喜びを大切にし、それをとんでもない奇跡が起きたように、大きく大きく考えて感謝していました。

すると、いつの間にか職場で昇進し、好意を寄せていた相手から交際を申し込まれたそうです。人脈もどんどん広がり、分からないことは様々な専門家が、アドバイスをしてくれるそうです。

まるで「わらしべ長者」のようですね。

この方のように、小さなことに感動できる心を持っていると、きっと豊かさの神様も助けてあげたくなるのだと思います。

もし、悩みをいつまでも抱え込んでいたら、ますます貧乏を引き寄せてしまったことでしょう。

悩みを抱え込みすぎると異次元パワーも働きにくくなるようです。

もちろん、悩みのない人間なんていませんが、困っても困らない、と自分に言い聞かせましょう。

そして、悩みを分断し、今すぐできる小さなことから動いてみることです。

家でもできる簡単な雲水修行

雲水修行の方法は、後ほど第二章でも詳しくご紹介しますが、ここまで読まれて「雲水修行の良さは分かるけど、ちょっと難しそうだな」と感じた方に自宅でもできる簡単な作法を教えます。

本来なら、圧倒的な光が降りている精舎のほうがいいのですが、少しだけ気分を味わってみたい、という方にご紹介します。

＊座ってみる

まず、「座る」ことです。

リラックスできる部屋着に着替えましょう。

お部屋の中が綺麗に片付いていればなおいいのですが、まず、椅子や座布団に座ります。

座るときのコツは、姿勢を正すこと。背筋をまっすぐに伸ばしてみましょう。椅子には、浅く腰掛けます。

座布団や床に座る場合は、正座してみましょう。正座が苦手なら、あぐらをかくように足を組んでみます。

背筋をまっすぐに伸ばし、肩の力を抜きます。

このとき、肩や体が凝っていたら、軽く肩、首を回してみたり、両手を大きく上に伸ばします。

軽いストレッチを二、三分やり、体をリラックスさせます。

心が落ち着く音楽――波の音や川のせせらぎ、またはゆったりしたBGMがあれば、音量を小さくして流すといいです。

アロマやお香で癒される香りがあれば、それを使うことで空間の磁場が変わります。

照明も、間接照明がおすすめです。

あまり明るくせずに、照明を少し落としておくのがポイントです。

背筋を伸ばすときのコツは、背中から首、頭がまっすぐになるようにします。

＊呼吸法

座ることで、少しずつ日常生活の喧騒から開放され、心が落ち着いてきます。

次に呼吸法をしてみましょう。呼吸法とは、簡単に言えば深呼吸のくり返しです。忙しい生活をしていると、呼吸も荒くなってゆきます。

その呼吸を整えることで、心も整ってきます。

座って背筋を伸ばした状態で、呼吸法に入ってゆきます。

最初は、息を吐きます。

息を吐くときは、口をすぼめて、ゆっくりと吐いてゆきます。イメージとしては、心と体にたまっている疲れ、マイナス感情を吐き出していく感じです。

お腹の底から、すべてのマイナスを吐き出すように、お腹がへこむまで息を出しきります。

息を吐ききったところで、一、二秒軽く呼吸を止めてみましょう。

次に、息を吸います。

息を吸うときは、口からではなく、鼻から吸ったほうがいいでしょう。ただ、鼻の調子が悪い方は口からでもかまいません。

次が大きなポイントですが、息を吸うときは、宇宙にあふれている豊かさ、プラスのエネルギーを吸い込むようにイメージしてみましょう。

そのプラスのエネルギーが、あなたの体のすみずみまで行き渡るようなイメージを持って、呼吸法をくり返してゆきます。

呼吸法のコツは、はじめのうちは、背筋を伸ばして座り、ゆったりとした呼吸をくり返すことに集中してください。

そして呼吸をくり返すうちに、心が鎮まってきたら、マイナスを吐き出し、プラスを入れる、という方向へとイメージをしてみましょう。

座ることと、呼吸法は基本的な作法ですが、これだけでもずいぶんとリラックス効果があって、マイナス思考からプラス思考へとマインドシフトができます。

三日間くらい、自宅でやってみてください。慌しい仕事、人間関係から解放されるはずです。

お金がかからず、ノーリスク・ハイリターン。引き寄せ力がアップするお得な方法です。

次元の壁を超えるポイント

「次元」という言葉は、今では知っている方も多くなってきたと思います。

友人や人間関係でも、気の合う人や合わない人がいます。

また、一緒にいると精神的に高めてもらえる人や、豊かな気持ちにさせてくれる人っていますよね？　そういった人たちは、今のあなたよりも、少し精神的な次元が高い方々です。

ですから、人生を良い方向へ変えてゆきたいのならば、なるべく自分を高めてくれる人と付き合うことです。

今の世の中は、価値観が混乱しています。自分を高めてくれる人に出会うことは、なかなか難しいかもしれません。

ただ、ひとつだけ言えることは、無我で透明感を感じるような人。そんな出会いを得るためには、逆説的ですが、自分自身が無我で透明になってゆくことです。

無我というのは、仏教用語です。自分中心主義の考え方の反対のことです。

もちろん、自分を大切にするという考え方は大事ですが、あまりにも「自分が、自分が」と自己主張する人を自我型人間といいます。

自我型人間は、自分の周りの人たちを召使のように考えています。自分のために周りの人は存在している、と思っています。

もっとひどい言い方をすると、「家畜」のように思っています。腹黒い政治家や戦争好きの国家指導者、もしかしてあなたの身近にも何かににつけて小さなことで攻撃的になる人はいませんか？

もっとも、日本人はもともと調和を大事にする民族ですが、海外の国では好戦的で、何かと言えば裁判沙汰になる訴訟社会もあります。

ちょっと極端な例ですが、自我の強い人は、いつも自分の利益しか考えていません。なぜなら、自分が神様になりきってしまっているからです。

心に厚いバリヤがこびりついてしまって、そう簡単にはそのバリヤが取れなくなってしまっているのです。宇宙から豊かさや富を引き寄せる願望実現の方法とは、このバリヤを外してゆくことなのです。

日常生活のなかで、いろんな人に揉まれているうちに、心にコンクリートのようなバリヤや重しができてきます。

このバリヤが厚くなればなるほどに、潜在意識と表面意識のギャップが大きくなっていきます。

願望を実現させたくても、バリヤの厚みで潜在意識にまでその想いが届かなくなるのです。

そのバリヤを一枚一枚はがしてゆくことが、心を見つめる行為――つまり「反省」ということなのです。

反省は雲水の大切な修行の一つです。

反省が進むと、心が軽くなります。同時に、心の透明度も増してきます。

川や湖の透明感は、見た瞬間に分かりますが、心の透明度も、分かる人が見るとすぐに見えてしまいます。

自分中心の想いを反省し少しずつ外してゆき、心の清らかさを保つことが無我になる一歩です。

心の清らかさ、透明度が増すと、どうなるでしょうか？

単なるお人好しになってしまいそうな気がしますよね。

そこに神様仏様の創ったマジックがあるのです。

心が透明になると、自分の中にいる本当の自分、潜在意識にストレートに通じてくるのです。

そして潜在意識は、とても素直なので方向性を示してあげれば、一直線に動き出してくれます。

先ほど話した「座ること」と、「呼吸法」をして思い出してください。座って心を落ち着け、呼吸法で魂のクリーニング、リフレッシュをしましょう。

表面意識と潜在意識の壁が薄くなってくると、思った通りの世界が展開してきます。

そして、あなたの理想としている人たちとの出会いがはじまります。

引き寄せの法則とは、自助努力からはじまります。素敵な自分になること、ピュアで無邪気な心の持ち主になること。そこから、本当の宇宙の豊かさを引き寄せる現象が起きてくるのです。

わらしべ長者が大富豪になり、花さかじいさんが困っても困らないほど、豊かさに憑かれていたように、新しい神話がスタートするのです。その伝説の人は、あなた自身なのです。

次元について、もしよく分からない場合は、拙著『7次元からの感謝』（ビジネス社刊）を参考に読んでみてください。

魂を豊かにする錬金術

心のクリーニングができるようになると、無駄なエネルギーを使うことが少なくなります。

あなたは、いつも同じことをぐるぐると考えていませんか？ 気がつけば、悩みを解決することより、悩みを習慣にしていませんか？ 心の方向において、無駄なエネルギーを浪費していないでしょうか？

まず、そのぐるぐると同じ悩みに憑依されていることに気がつかなければなりません。

本当に自分の考えなのか？　それとも誰かの悩みを聞いているうちに、自分まで何だか同じように苦しくなってしまったことはなかったですか？

ひどく損した気分になり、逆に相手はどんどん元気になってスッキリ！　挙句の果てに、悩みを聞いてあげた相手から励まされるハメになったりと。

よくあるパターンですが、いつまでも同じことをくり返していたら、人生の時間がもったいないですよ。

そのことに気がついたら、気力・体力・精神力を鍛えましょう。体力を鍛えるもとには、気力、精神力があります。

よく「火事場の馬鹿力」といいますが、人は皆、本来すごい力を持っているのです。

ただ、よっぽど追い詰められないと、人は自分を変えようとしないのも事実です。ホラー映画の世界のような体験をしてしまうとか、大変な不幸が起きるといったことがあれば、潜在意識にあるすごい力を出さずにはいられなくなるでしょう。ですが、そんなことが起きてから慌てるのはイヤですよね。

日常生活を過ごしていては、なかなか人間は変われないものです。

ある知人から聞いた話ですが、畑がずーっと続く田舎の道路を車で走っていると、突然、オレンジ色の発光体が空の上に見えたそうです。

不思議に思って、車を止めていると、その発光体がどんどん明るく光り出し近づいてきました。

そして、車ごとすっぽり、オレンジの光に包まれてしまったそうです。

その時間がどのくらいだったかは、覚えていないと話していました。

当時は、そんなことがあるのか、と話半分に聞いていたものですが、どうもアメリカには、彼と同じ体験をした人はたくさんいるようです。

それから十年以上経ち、彼の消息は分からなくなりました。私たちが考えている災難以上の何らかの危機がはじまるのかもしれません。

もしくは、精神的にも物理的にも新しい時代に突入し、漫画で読んでいた『ノアの宇宙船』（清水玲子 著）と同じことが、現実に起きてくるのかもしれません。

そんなことを考えると、なおのこと気力・体力・精神力を鍛えておかないと、自分や自分の大切な人を守れなくなってしまうでしょうね。

私は仕事柄、経営相談の他にも、不思議な話をよく聞くのです。そのせいか、必然的に様々な危機管理能力が高くなってしまいました。

さて、これから来る新しい時代に向けて気力・精神力を高めてゆくことが必要だと感じられたでしょうか？

まだ、そこまで感じていなくても、とりあえず予習型人間になってください。

禅の世界では、気力を突き詰めたときに、ある瞬間に量が質に変わると言います。そういった気力が強くなったある時点で、大きな転換が起きてくる。まるで核融合が起きるように、大いなる瞬間が訪れるのだと。

それは、水を熱すると沸騰し、ある時点で気化して水蒸気になるようなものかもしれません。

または、醜い毛虫がさなぎとなり、美しいアゲハチョウになる事実と同じであると思います。

ただ、人間は自然界の生き物のように、外見がガラリと変わることはありません。たしかに赤ちゃんから年寄りにはなりますが。

人が自らの意志で変えられるものの最大のものは、その心なのです。

そして気力や精神力を強くして限界を突破したときに、人生の質がまったく変わってしまうことが現実に起きてくるのです。

それはまるで、鉛から金を作り出す錬金術のような感覚なのです。

この錬金術的な心の変革を味わってしまうと、宇宙からのパワーや豊かさを引いてくることができるようになります。

歴史に大いなる足跡を遺した偉人たちは、この心の錬金術を知っていたのです。

宇宙からのパワーや豊かさというのは、決して怪しいものではないのです。

それは、神様仏様の心と一体となる、ということなのです。

神様仏様というのは、無限の存在ですから、一体となることができたなら、当たり前のように人生の質が変わってゆくのです。

どうか世の中がどれほど汚れているように見えても、透明で清らかな心を決して失わないように決意してください。

権力や立場で人を従わせる人間もいますが、そうではなく、この本を手に取ってくださったあなたは、いつまでもピュアな魂を忘れないでほしいと思うのです。

子どものまま大人になってしまったような一面を持っていてほしいと思います。そういった人たちが増えることで、明日はもっと素晴らしい奇跡がたくさん起きてくると思うのです。

第2章

雲水修行をやってみる

反省

「一日一生」の気持ちで毎日を生きる、そんな言葉を聞いたことはありませんか？

人生はずっと続くと思っていても、気がつけばあっという間に年齢を重ねているものです。

「一日一生」の気持ちで生きるなんて、なかなか考えないものですよね？

病気や身内の不幸があると、ふと、生きる意味を考えてしまいますが、また元の日常に戻り、いつの間にか忘れてしまうものです。

気がつけば、一人ぼっちで置き去りにされているような感覚を持ち、何とも言えない寂しさや孤独感を感じることはありませんか？

「その孤独なときは、本当は独りではないのです。あなたの魂が、神様仏様と一緒にいるときなんですよ」

そう言われても、なかなか実感できませんよね。

孤独な時間を取らないと、なかなか心を見つめるチャンスはないのです。

そして、その孤独な時間のなかで新しいものが生み出されてゆくのです。

さて、「一日一生」とは、「今日の悩みを明日に持ち越さずに生きること。明日の取り越し苦労をせずに軽やかな心で一日を終えること」です。

禅の言葉では「前後裁断《ぜんごさいだん》」と言います。

毎日の生活の中で、そんな心境になれたら大したものですが、なかななか難しいものです。だからこそ、ときどきお寺へ出かけるのですが。

宇宙のエネルギー、宇宙の富のパイプを太くしてますます豊かな心になるためには、「反省」が有効です。

反省というのは、光輝いている本物の自分を取り戻すことです。

都会の交通量の多い道路に出ると、空気が汚れていますね。そこにしばらく立っているだけで、排気ガスで顔が汚れてきます。その汚れてしまった顔を綺麗に洗って、クリームでもつけておけば、気持がいいものです。

心も同じです。誰かに嫌な思いをさせられて、心を曇らせたままでいることと、排気ガスで汚れた顔でいることは同じです。反省して心のクリーニングをすると、軽やかな心になり、夜もぐっすり眠れます。

では、反省の簡単な入り口を話します。

まず、リラックスできる服に着替えて、座ります。

背筋を伸ばして、呼吸法（31ページ参照）をしてゆきます。ゆっくり、ゆっくりと深呼吸を続け、荒ぶる心を鎮めてゆきましょう。

新幹線から、SLやローカル線に乗り換えて、のんびりと過ぎ去ってゆく窓の田園風景を見ているような感じです。

心が落ち着いてきたら、今日、一日のことを少し振り返ってみましょう。

何となく、ひっかかるものはなかったでしょうか？

自分が悪かったかな？　と思うことがあれば、素直に「ごめんね」と心のなかで相手に謝りましょう。

その相手の態度が明日変わらなくても、いいんです。あなたは心のなかで間違いを認めて謝ったのですから、心のクリーニングは終わりです。

大切なことは、自分の純粋な心を取り戻すことなのです。

それだけで、心のなかに溜めていた毒が流されてゆきます。

あなたの心が浄化され、清められると、宇宙から聖なるエネルギーが流れ込んできます。良きものは良きものを引き寄せるからです。

そして、大いなる癒しを感じるでしょう。反省して、素直になって、純粋で清らかになって、宇宙の富を引き寄せる。

宇宙の富は、そういう人たちを待っているのです。

癒された心は、さらにあなたの回りの人や世界を癒す力となって、この星を浄化させてゆきます。

その循環で、ますます宇宙の富を引き寄せるパイプが太くなってゆくのです。

心のなかに汚れや毒を持ったままでいると、病気になったり、不幸にみまわれます。そうならなくても、意地悪や頑固な性格になり、怒りっぽくなって嫌われ者になってゆきます。

そうなるよりは、心の浄化を少しずつ続けてゆき、自分自身の許しと癒しの力を強くして、周りにも豊かさを与えてゆけるあなたになりましょう。居心地のいい人になりましょう。

あなたの行く場所は、すべて浄化され、清められ、癒される。

あなた自身が宇宙の富になって、豊かなエネルギーを分けてあげてください。

作務《さむ》

私の知り合いで、自分の夢を叶えたいと強く願い、雲水修行をはじめた青年がいました。

彼は音楽関係の仕事をしたいと思っていましたが、なかなかチャンスがなく普通の会社員として仕事をしていました。

何度か音楽の仕事のチャンスは巡ってきましたが、うまく行かずにあきらめかけていました。そんなとき、彼の友人が雲水という修行をしてから、仕事で大成功していった、という話を聞きました。

彼は「これだ！」と思い、荷物をまとめて雲水に入りました。

一年間、お寺に住み込んで、作務《さむ》修行に励みました。

作務修行というのは、お寺の中や境内を掃除し、環境整備をしてゆくことです。毎日毎日、同じようなことのくり返しです。

床や柱の磨き込みを続けることや、お寺や精舎に参拝する方々が気持ち良く過ごせるように環境を整えることが中心です。大変そうですが、最近では、宿坊に温泉がついていて、旅行感覚で泊まって心を見つめる施設も増えてきています。

自分の将来について、ずっと迷い続けていた彼は、毎日、床を磨いているうちにある気づきを得ます。それは、どうして今まで道が開けなかったのかという悩みの根本的なものでした。

自分には才能がないのだろうか？　このまま会社員でいたほうが将来的にも安定した生活が送れるかもしれない。でも、会社勤めをしていても、突然、リストラされることだってある。

音楽の仕事で成功しても、ずっとそれで食べて行ける可能性があるのだろうか？　成功している人たちは、ほんの一握りだけで、後はみんな夢をあきらめている、それが当たり前の世の中なのだろう。

床を磨いていると、いろんな思いが心の中から次々とわき上がってきます。

そして、ついには、「何で自分は、毎日毎日、床磨きばかりしているんだろう？　こんなことしている時間があったら、少しでも音楽の勉強をしたほうがいいんじゃないか？」

そこまで思いつめたそのときでした。

彼は、はっと気がつきました。自分の悩みの原因は、自分の夢が実現することを心から信じられなかったことだったのだと！

自信のない自分をごまかすために、いろんな言い訳ばかり考えていたのだ、と。

その瞬間、本堂の黄金色の大仏から彼の心に、ズバーッと金色の光が射し込んできました。なぜだか分からないけれど、とめどなく涙があふれてきます。あふれる涙をぬぐうこともできず、床にぽたぽたと涙のしずくが落ちて行きました。

その床を見たときに、思いました。

「磨いているのは、床じゃなくて、自分の心だったんだ」と。

そんな神秘的な体験をしてから、彼は床磨きにいっそう心をこめるようになりました。

そして、一年後に雲水修行を無事に終えました。

彼が心に決めたことは、やはり音楽の道で生きてゆくことでした。どんなに波風の強いときでも、決して揺れない心をつかみ、仏と一体となれた感覚を今でも忘れずに、自分の夢に向かって彼は走りはじめました。

お寺に行かなければ、なかなかこんな心境を味わうことは、難しいかもしれませんが、家や職場にいるときでも、少し工夫するコツがあります。

たとえば、家や職場の掃除をするときに、周りの人の成功を思って机やテーブルを磨くこと、心をこめて整理整頓をすることなどです。

そのときに、人からの見返りをいっさい期待しないことがポイントです。

誰かに何かをした見返りは、宇宙のパイプから流れ込んできます。それが愛情であったり、豊かさとなったり、様々な形をとって自分に戻ってきます。

日常生活のなかでも、ほんの少し気持ちを込めて、環境整備をしてみてください。電話が汚れていたら、ティッシュペーパーと楊枝で細かい汚れを取ること、散らかっているファイルを整理整頓する。

こうした環境整備に思いを込め続けてゆくと、きっと新しい変化が起きてくるはずです。

読経

雲水修行を続けていると「無我」の境地を、ほんの少しだけ感じる瞬間があります。

無我の境地というのは、仏教では仏と一体となること、仏の子である他者と一体となることと言われています。

仏と一体、他者と一体の境地というものを感じ取るには、きちんと教学（経典を読むこと）をして、反省・瞑想・祈り・禅定をすることです。

仏典やお経を読んでみたり、心のコントロールについて書かれた質の高く内容のいい本を読んでみましょう。

読経の他に「読書瞑想」もあります。質の高い本を読むことで心の波長を整えられます。

まず、一日、一ページからはじめましょう。

そして読むときには、「情報」として読むのではなくて、精読してみましょう。読んでいるうちに心の波立ちが治まり、雑念が消えていきます。読むことで心を整えることができます。

宇宙の富が自分を目掛けてなだれ込む

高天原《たかまがはら》では日本や世界を代表する神々が集まり、話し合いをしています。

「高天原」をご存知でしょうか？

それは日本の位の高い神様たちが住んでいるところです。高天原での今回の話し合いのテーマは、「どうやったら、日本や世界をもっともっと豊かにできるか」です。

その話し合いの様子をこっそりと聞いてしまいました。

「こんなに人口が増えているのに、アフリカやインドでは飢餓で死んでいく人間も多いようだな」

「人口は、どうやら増え続けてゆくのが、もっと偉い神様の計画だと聞いたばかりじゃ」


二人の男神様の次に女神様が、「やはり、もっと日本を豊かにして、日本にもっともっと大黒天や弁財天をつくることが必要だと思います」と言いました。

「たしかにその通りじゃな。しかし、ここに山ほどある富をどうやって地上に、降ろしてゆくかじゃな」しばらく神様方は考えています。すると、「分かった、神様仏様の手伝いをしたい、という真面目な働き者に、頼もうとしよう！」


大きな声が高天原に響きました。

「どなたか呼びましたかのう？」

「わたくしに何か用事がございますか？」

なんとそこには、花さかじいさんとシンデレラが訪ねてきました。

ちょっと遅れて、かぐや姫も来ました。

「ああ、ちょうどよかった。あなた方に頼みがあるんだ」

男神様が顔を輝かせます。

「――ミッションですか⁉」

なんと、ジャックです。ジャックと豆の木という物語で大金持ちになった、あの有名なジャックです。

「私にご用がありますか？」

わらしべ長者もやってきました。

「まあ、こんなに来てくださってうれしいですね」

女神様は喜んでそう話した瞬間、金色の光で辺りがぱーっと明るくなりました。

「では、頼みを聞いてくだされ。今、世界の人口は増えているのに、まだまだ貧しい生活をしている者が、たくさんいるのじゃよ。そこで、真面目で働き者のあなた方に、お願いしたいんじゃ」

男神様は、そう言うと、高天原に山ほどある大判小判や金銀財宝を見せました。

「この富を、あなた方と同じように真面目で働き者のところへ渡してきてほしいのです」

女神様は、にっこりと笑います。

「この宇宙の富を引き寄せる者を探し、その者を新しい物語の主人公にしてほしい」

もう一人の男神様が言いました。

「分かりました。神様方のお役に立てるのならうれしいことじゃ。わしの気に入った人間を探して、ポチをあげよう」

花さかじいさんがうれしそうにポチを見ます。

ポチも「ワンワン！」と尻尾を振りました。

「私は、働き者の女性を探します。そして、素敵な男性とご縁をつけてあげましょう」

シンデレラが、ガラスの靴やドレスの準備をはじめました。

ジャックもいそいそと、たくさんの豆の木の種を袋に詰めはじめした。

かぐや姫は、竹を探そうとしましたが、地上の様子をじーっと見ているうちに、お寺で雲水をしている人間を見つけました。

「あっ、あの人たちだわ！　心が清らかで神様仏様のお手伝いをしているわ！」

「ほう！　なかなか感心な人たちですね。では、私もかぐや姫さんと一緒に、あの人たちが億万長者になるように、一つ応援しましょう」

わらしべ長者も、その気になってきました。

「では、よろしく頼むぞ」

「はい！　物語であれだけ有名になったわたし達が目をかけた者は、必ず億万長者にしてみせます」

わらしべ長者は大喜びで、藁を束ねます。

高天原では、宇宙の富を地上に降ろしてくれる人たちが見つかりました。男神様も女神様も大喜びです。

お役を授かった物語の主人公たちも、久しぶりにわくわくしています。

他にも、たくさんの人たちがこのプロジェクトに参加することになりました。

お寺で、雲水修行に励んでいるエレナは、境内を箒《ほうき》で掃いていました。

エレナは、雲水に入る前にキャバクラで働いていました。

ある日突然、新しいキャバクラ嬢にお客を取られてしまい、その上おかしな噂を流され、店を辞めてしまったのです。

また、他の店で働けばいいか、と考えていた矢先、元彼から電話があり「お寺でも行って、雲水修行をしたほうがいいよ」と言われました。

エレナのいる華やかな世界とはまったく逆の世界に、疑心暗鬼でしたが、銀座のママもお寺参りをママにしているという話を聞いたことがあったことや、どうしても「自分を変えたい！」という気持ちで雲水修行に入りました。

キャバクラは華やかな世界ですが、その裏側は嫉妬や、どろどろとした人間関係、若くなくなったら使い捨てといったところも多く、虚しいものを感じていたからです。

綺麗な金髪の巻き髪を黒く戻し、作務衣を着たときは、勇気がわいてきました。実は、ひそかに憧れていた先輩の男性雲水もいたのです。

その人から、「髪を黒くして、お化粧を取ったほうがずっと可愛いね」と言われ、ちょっとドキドキしてしまったのです。

「まあ！　見つけたわ」

シンデレラがお寺で境内を掃いているエレナを見て叫びました。

「あのコだわ！　21世紀のシンデレラ候補よ」

シンデレラは、毎日毎日、ひたすら境内やお寺の中を掃除するエレナをたいそう気に入りました。昔の自分と同じように見えたからです。

一度ハマると夢中になるという性格もあり、エレナは一年間のお寺での雲水修行を無事に終えることができました。

そして、キャバクラ嬢には戻らないと決意しました。

自分の本当にやりたいことが見つかったからです。

一緒に仕事をするパートナーであり、結婚相手でもある、という人を見つけて、自分の人生を大切に生きてゆこうと考えるようになったのです。

憧れていた先輩の男性雲水は、半年前に雲水修行を終えていました。

これからは、新しい自分の才能を磨いて会社を創ると話していました。

帰ったら交際していた彼女と結婚する予定だと聞いたときには、エレナは少しショックを受けました。けれども毎日、箒で境内を掃いているうちに、小さなことに執着して苦しくなっていた自分に気付いたのです。執着というのは、いつまでも何かにこだわって気がつくとそのことを考えてしまっている状態です。

雲水修行をしていると、心が自由で何ものにも捉われることがなくなります。または、そういった流れる雲のような捉われのない心を目指します。

エレナも新しい自分、本当の自分に出会いました。

お寺から帰る日に、本堂の黄金の大仏に深く頭をさげ、新しい人生を生きることを誓いました。

なぜだか涙があふれてとまらなくなりました。

「ありがとうございました。これからは自分の人生を大切に、そして愛して生きていきます」そう、つぶやいて本堂を後にしました。

涙をぬぐって顔をあげると、そこには憧れていた男性雲水がいました。

「はい、これで宇宙の富を降ろせるわ！」

シンデレラは喜びながら、エレナに豊かさと幸せのエネルギーを注ぎ込みました。

「あの男性は、必ず成功するわね。それも世界的な企業家になるわ。あのコなら、あの男性と一緒に世の中を豊かにしてゆけそうね」

知らない世界でそんなことが起きているとも気付かずに、彼が交際していた相手から結婚を断られたいきさつ話をエレナは聞いていました。

ナイアガラの滝の如く豊かさは止まらない

花さかじいさんも、ジャックもかぐや姫とわらしべ長者も大忙しで動き出しました。いよいよ、大宇宙にある豊かさをいくらでも地上の人間に降ろしてよい、と神様仏様から認可が出たのです。

昔話の世界の中で、いつまでもおとなしくしてはいられません。

21世紀の物語の主人公を、一生懸命に探しています。

きっと、あなたのところにも、そのサインが降りてきたのではないでしょうか？

良き出会いを得て、新しい自分に生まれ変わることを心から願っています。そして、あなただけの新しい物語を作ってください。

愛と癒しと調和と豊かさに包まれた人生が目の前に開けていくことでしょう。

あなたには貧乏は似合いません。

宇宙の無限のパイプから、豊かなエネルギーが常に降りてきています。

そのことを本当に信じることができたなら、明日から確実に人生が変わりはじめます。そのためのコツは、小さな気付きやチャンスを大切にすることです。

現実的に考えたならば、とても無理な目標であっても、あなたが真剣に願えば、もう一つの力が働きだして、未来が変化してゆくのです。

そのときにできるだけ、自分の考えの枠を外してください。いくらでも豊かになってかまいません。

そして、心を整え、心の平安を大切にしてください。

仕事をしながら身近にできる最高のものが、雲水修行です。

あなたの魂が清らかさを取り戻し、自分も宇宙の豊かさの一部だと気付いたときに、ナイアガラの滝の如く、大宇宙からエネルギーが降り注ぎはじめることでしょう。

その幸福感を知ってください。味わってください。

この世のお金は有限ですが、実は宇宙には無限の富があって、あなたがそのことに気づくのを待っています。

今日をきっかけとして、ますますあなたの人生が美しく、豊かで幸せになるように、この本に強い強い思いを入れました。

一人でも多くの人が心を磨き、清らかで純粋な思いを高めてゆくことで、この地球は癒され、愛の星となるでしょう。

第3章

新しい才能が開花する

宇宙には富があふれている

最近、私は今までの常識では考えられない話をよく耳にします。

それは、この世のお金というものは有限だけれども、実はもっと違うところに「隠し財産」があるらしい、という話です。

もっと違うところとは、いったいどこだと思いますか？

徳川幕府の埋蔵金探しで、私の地元では畑を掘り返す人がたくさんいました。埋蔵金も結局は、この世のお金です。

では、いったいどこにそのお金、つまり富や豊かさがあるのでしょうか？

そのことについて、何人かの知識人や経営者と話してみました。

様々な職種の方と、ときには食事をしたり、電話で互いの考えを話したり、メールで何度も何度もやり取りをしてみました。そして、それぞれの個性を使って豊かになった経験を聞いていきました。

結論は、「この世のお金は有限だけれど、きっと宇宙には無限の富があるはずだ」ということでした。

無限の富とは、大宇宙に満ち満ちているエネルギーであって、そのエネルギーが様々な形をとって物質に変換されてゆくのではないでしょうか？　そのエネルギーが物質化する現象の一つとして、富や豊かさが与えられるのです。

宇宙の法則のなかに、循環の法則があります。先ほども、水のたとえを話しましたが、水が氷となれば固体となり、氷が溶ければ液体となります。

その液体の水が温められると水蒸気となって気体になり、上空へと上ってゆきます。そして雲になって存在し、再び雨や雪になって地上に戻ってきます。

この循環の法則は、人間の体にも当てはめられます。血液も心臓をポンプとして、動脈と静脈で循環しています。

エネルギーは形を様々に変えて、循環の法則の通りに動いているのです。

大宇宙のエネルギーも様々な形で地上に送られてきています。そのエネルギーの変換方法を使えば、宇宙に満ちている豊かさをいくらでも引いてくることとは、拙著『7次元からの感謝』でもお話ししました。

ところが、もう一つの隠されたコツがあるのです。

それは、豊かさを引いてくるエネルギーのパイプを太くする、ということです。パイプの太さによってエネルギー量が変わってくるのです。

また、宇宙のエネルギーや富を引いてくるパイプが詰まることもあります。

そうなると、いくら頑張っても苦しいだけで、疲労感ばかりが残ります。そうならないために、ときどきパイプの点検が必要になります。

パイプの点検とは、宇宙のエネルギー、富、豊かさと同通できるような心の持ち方なのです。そのために雲水修行があるのです。

まず、信じることです。

あなたは、この世のお金の他に、実は大宇宙には無限のエネルギー、豊かさがあって、そのエネルギーをキャッチし、パイプをつなげてくれる人を待っていることを信じられますか?

人類の長い歴史の中で、天変地異、気候の変動、戦争、飢饉などで多くの生命が滅びたときもありました。しかし、人口は増え続けています。

五十億から六十億になり、今は七十億人になろうとしています。

一年間で七〇〇〇万人も世界の人口は、増えています。

大宇宙には、発展繁栄のエネルギーが満ちていて、この宇宙は無限の未来へと拡張を続けています。

宇宙のダイナミックな成長のエネルギーは、あふれているのです。そして、それをキャッチする人を待っています。

パイプをつなげてくれる人がいたなら惜しみなくそのエネルギーを、豊かさを流し込んでくれるでしょう。

決して、一部の大金持ちだけがその特権を与えられているのではありません。あなたが、必ず大富豪になる可能性は確実にあるのです。

本当にそのことを単純に素直に信じてください。宇宙の富は、あなたを待っています。

実は天の蔵に、莫大な富が眠っているのです。天の蔵とは、あなた自身が持っていて、宇宙のエネルギーと一体となったときに、パイプがつながり流れ込んでくるのです。

そのことを忘れて、あくせくと焦ったり、失望したり、未来をあきらめないでください。

せっかく頭の上まで、豊かさが降りてきているのに、

「私は駄目なんだ」

「いつも思った通りに行かない」

「何度やっても失敗ばかり、あきらめよう」

「お金とは縁がない」

そんな言葉を出した瞬間に、豊かさは去ってゆきます。

イメージしてみてください。宇宙の富の神様が、日ごろのあなたの頑張りをずっと見ていてくれて、「よしよし、なかなか頑張っているな。そろそろ、願いを叶えてあげるとするか」

そして、神様は豊かさを与えようとします。

その瞬間に、あなたが「あー、やっぱりダメ！」という言葉を出して

しまえば、宇宙の富の神様は霊速で去ってゆきます。

霊速とは、一言でいえば「念《おも》いの速度」です。恋人や家族など大切な人に何かあると、たとえ相手が地球の裏側にいても一瞬で相手の気持ちが分かったり、気になっていたら電話がかかってきた、などテレパシーのような速さで通じる心の力です。

実際に、大黒天が自分から去っていった感覚が分かった経営者の話を聞いたことがあります。

彼は、それまでどんなに厳しい経営環境のなかでも、感謝を忘れず大きな山場を何度も何度も越えてきました。

ところが、あるとき、会社の経営が本当に立ち行かない状態になり、心の中で「やっぱりそんなに甘いもんじゃないな。もうあきらめよう」と思ったそうです。

ちょうど世の中では不況の影響で倒産やリストラの暗いニュースばか

りが、毎日のように報道され、知り合いの会社も廃業してしまったと聞きました。

ますます不安が募り、頭の中では悪い話がぐるぐると回っているような状態だったそうです。

そして、一週間、そんなことを心の中で思い続けていたら、すーっと大黒天が去っていくのを感じました。

それから数年間、何をやってもうまく行かなくなってしまったそうです。そのことがきっかけとなり、その経営者は雲水修行をはじめました。自分の心を深く見つめる毎日の中で分かったことは、大黒天が自分から去っていった原因は、マイナス思考に陥り、あきらめてしまったことだったようです。

今、考えてみると、勇気をふり絞ってもうひとふんばりしていたらよかった、と言っていました。「チャンスは一瞬で去ってゆくものです。

そのチャンスを迷わずに受け取れるか、勇気がなくて逃してしまうかで、会社の未来や自分の人生がまったく変わってしまうものですね」

雲水に入り、反省や作務を続けてゆくなかで、再び大黒天を呼び戻した経営者は、そう語ってくれました。

アイディアとの出会い

雲水修行を行い、宇宙にあふれている豊かさ、富があなたのところへやってくると、何らかのサインがあります。

まず、今まで自分では考えたこともなかったアイディアが浮かびます。それまでそのやり方で満足していたことが、何となく物足りなく感じてきて新しい方法を考えたくなります。

思いがけずインスピレーションがわくこともあります。

その小さな変化を大切にしてください。特にアイディアやインスピレーションをキャッチしたら、必ずメモをとっておいてください。

どんなに些細なことでも、自分ではバカらしく思えることでも、です。

昔、イギリスのある詩人が、とても美しい詩を思いついて、ノートにさらさらと書いていたそうです。

不思議なことに今までにないほどの美しい言葉が次から次へとあふれるように出てきて、ペンもスイスイと走ります。

心も踊り最高の状態でノートに書いていると、ドアをノックする音がしたそうです。

その詩人は、椅子を立ち、ドアを開けました。

友人がやってきたのですが、大した用事ではなかったのです。

再びノートとペンを持ち、詩を書こうとしましたが、ついにその続きを思い出すことができずに、未完のままで終わってしまいました。

今でもその美しい詩は、未完の詩として残っています。

人によっては夢でサインが現れる人もいます。

残念なことに悪夢でしたら、メモをとることはおすすめしません。

ただ、あまり意味の分からない夢であっても、覚えているうちにメモをしておくことです。あとで、その夢の意味が分かることが必ずあります。

ある女性は、よく夢の中に、今まで会ったことのない人が出てくるそうです。

何度か同じ人が夢に出てくるので不思議に思っていると、しばらくしてから夢の中に出てきた人と本当に出会うことがあると言っていました。

そういうときは、彼女がいつも次のステージに上がる段階になっていて、その人との仕事で大きく成長したり、ますます豊かになってしまいます。

彼女は、大きな成功をする前に見た夢の話をしてくれました。

「夢の中で大きな水晶と毛足の長い金茶色の犬を連れてきてくれた人

がいたの。その夢の意味は分からなかったけれど、しばらくしたら大きな水晶で造った白鳥の置物をいただいたわ。高価なものだったので、お返しするのも大変だと思っていたら、相手の方は『あなたがもらってくれてよかった。外国に引越しすることになったので、この水晶の置物は、他に渡すべき人がいると思って探していましたからね』そう言ってくれて、喜んでくれたの」

高価なものをあげて、逆に喜ぶ人も世の中にはいるようです。

彼女も、引き寄せるだけの豊かさがあったのだと思います。

金茶色の犬は、違う人が夢に現れて置いていってくれたそうです。

その犬の名前を花さかじいさんにちなんで「ポチ」と名づけ、ときどき、心の中でポチに癒されているようです。

彼女の話では、ポチは、ロングヘアのグレイハウンドのようですが、ポチを連れてきてくれた人が大黒様の感じがしたので、その名前にしたと言っていました。

夢のことをメモしておいたらあるとき、ふと、花さかじいさんのことが浮かび、金茶色のグレイハウンドがポチなのでは？　と腑に落ちたそうです。

心のなかで、ポチを大事に育てている彼女が、次に何を引き寄せるのか楽しみですね。

「アイディアは宇宙からくる」と、エジソンは言っています。

そのアイディアや閃き、インスピレーションがわらしべとなって、大きくなってゆくのです。

新しい発想や新しい出会いを求める気持ちが大切です。

ときには、「変人」に思われてもかまいません。

大成功した人は、誰でも最初は変人扱いされていました。

人財との出会い

人との出会い、特に貴人との出会いは、人生を変え、環境を変え、世の中を変え、世界をも変えることがあります。

雲水修行を進めていくうちに、もしも、自分の引き寄せ力がまだ弱いと思ったなら、引き寄せる力の強い人と友人になればいいのです。では、どうやってそういう人を見つけたらいいのかと、思う人もいるでしょう。

そのためには、まず、「志」を持つことです。志とは、自分が成功することによって、新たな希望の光を世の中に与えていくことです。今の世の中では、希望を持って生きている人が少な過ぎると思いますよね。

希望を持っても暗い話が耳に入ってきて、すぐに吹き消されてしまうように思う人も多いでしょう。だからこそ、チャンスだと思うのです。

希望を持って成功した人、世の中の人に夢を与えている人たちは、同じように希望を持っている人を待っています。

そして力を貸してあげたい、チャンスを作ってあげたい、と真剣に願っています。本当に毎日毎日、そう願っている人が世界中にいるのです。あなたとの出会いを待っている人が確実にいるのです。

今、一緒に仕事をしたり、友人となっている人が何年か前には、出会ったことのない人だったのではないでしょうか？　親友や恋人、伴侶が数年前までは、見たことも聞いたこともない人だったのではないですか？

私はあえて「人財」と書きましたが、本当に人との出会いで人生は変わってゆくものです。

ある女性は、派遣のアルバイトをしています。彼女は、驚くほど自分が「会いたい！」と思った人を引き寄せています。

たとえば、有名なミュージシャンのファンになって、コンサートに行くと、知人がたまたまその人のスタッフをやっていて、最前列の席に座れたそうです。コンサートが終わると、楽屋まで連れて行ってもらって、サインまでもらったと興奮して話してくれました。

また、その引き寄せから数日後に、ある有名人とばったり出会い、一緒に写真を撮ってもらいました。その有名人も、彼女が以前から「会いたい」と思っていた人だったそうです。

そして、その引き寄せ力で派遣のアルバイトのままで、月給が毎月三万円アップし、ボーナスも年に三回もらえるようになりました。もちろん、彼女は雲水修行を半年ほど体験しているので、心の法則をよく知っています。

こうやって会いたい人に会えるコツがあるのです。

この本を読んでいる方は感度のいい方なので、もっとすごい引き寄せをされているかもしれませんね。

いい人には、いい人が寄ってきます。もし、あなたが自分でひいき目に見ても悪人ではないし、周りからは「いい人」だと言われているのなら、それを素直に信じてください。きっと必ず、近い将来に素敵な出会いがあるはずです。そしてその出会いによって、人生がグレードアップしてゆくはずです。

あなたが信じられなくても、私は強くそう信じます。あなたのことを、たった一人でも強く信じている人がいれば、必ず道は開けます。それは「出会い」によってです。

ハリウッドスターなどは、日本に来るとお寺に来る人が多いです。そのなかには、仏教徒の有名俳優もいます。そういう方は、お忍びで寺院に来ています。昔聞いた話ですが、世界的大スターが京都のお寺に来たそうです。

その大スターにとってかねてからの願いだったそうです。彼のファンの女子高生がたまたまその日体調が悪くなり学校を早退し、そのお寺の前を通りかかりました。なんだか、普段と違う雰囲気を感じた女子高生は、お寺の境内に入ってみました。すると、そこにはかねてから憧れていた大スターが、日本庭園でお茶を味わっていたのです！　それを見た瞬間、彼女は体調の悪さもふっ飛んでしまったそうです。

こんな引き寄せもあるのかと笑ってしまいますね。

この話からも、出会いは人の体調まで変えてしまう力があることが分かります。

それでは、どうやったらそうなれるのか？　と聞きたい方もたくさんいるだろうと思いますので、コツをお話ししましょう。

憧れの人や有名人、会いたい人がいたら、ノートに書いておくことです。

そして、言葉に出して耳から意識の奥底に「インプット」します。言葉を心に植え込んで、叩き込んでおくと、目に見えない力が動きはじめます。

この方法で、思った人とは大体出会えます。もし願いが叶わないならば、それはきっと、あなたにとって会わないほうがいいからです。

より良き人生を送るためにも、素敵な出会いがたくさんあることを祈っています。

新しい自分との出会い

素晴らしい人との出会いもわくわくしますが、一番楽しいことは、「新しい自分との出会い」です。

その自分とは、本来の豊かさや魂の清らかさを取り戻した自分です。神様仏様は、もともと人間が豊かになるような仕組みを魂の中に埋め込んでくれています。

ここで、お寺での雲水、ボランティアを通して、運命転換のきっかけたつかんだ人をご紹介しましょう。

私も仏教のお寺で雲水修行をさせていただいたことがあります。そのときに何人かの方と本音で話す機会をいただきました。自分の悩みを誰かに打ち明けることって、なかなか難しいですよね？

日常生活の中では、勇気を出して話した悩みを、興味本位の噂話のネタにされてしまった経験をお持ちの方もいると思います。

雲水修行やお寺のボランティアは、一つひとつが修行なので、みな真摯な気持ちで自分自身の心の問題に取り組んでいます。

そこで得た友人は、互いにアドバイスを交わすような関係になれます。

上下関係はなく、心を磨き合うパートナー、仲間たちです。

縁あって、知り合った彼女は、週末のパートの合間に雲水修行に通っていました。彼女が雲水修行を決めた理由は、病気がきっかけでした。

実は、ここ数ヶ月、体調がすぐれなかったので、病院に行くと、癌であることが分かってショックを受けたそうです。

両親はすでに他界していて、身寄りもない三十代の彼女は、生きる希望もなくしていました。

「このまま死んでしまっても、かまわない。無理につらい治療をして、治っても癌の再発に怯える日々は嫌だわ。私がいなくなっても、悲しむ人もいないし……」

そんなことを考えていたそうです。

そして、どうせあと数ヶ月の命なら、お寺で自分の人生を振り返りたい。そんな思いで休みの時間を利用して、雲水修行を決意しました。

あるとき、彼女とゆっくり話す機会がありました。

自分の生い立ちをまるで遺言のように、淡々と話しはじめました。普段は、物静かで余計なことは話さない方です。

両親は、彼女が幼いころに離婚してしまい、祖母に育てられたそうです。

母親の顔も覚えていないし、何十年も会っていないこと。彼女が七五三のときに、一度だけ会いに来てくれたことを覚えていること、そんなことをぽつりぽつりと、遠い目をして語ってくれました。

誰かに甘えることもなく、誰かに頼ることもなく、ずっと一人で生きてきて、そろそろ結婚したいと思っていた矢先に、病気のことが発覚したそうです。

「私の人生って、いつもこうなの。希望を持とうとすると、必ず、嫌な現実がやってきて、幸せに生きることをあきらめさせられちゃうの。だから、希望は持たないことにしたの。ただね、毎日、何のために生きているのかって……、分からなくなっちゃって。結婚もできず、かといって仕事も中途半端な感じ。昔は、好きな人もいて幸せなときもあったけど、結局、別れちゃったの。それからは、とりあえず生活のために生きているだけかな？　あと、どのくらい生きられるのか――。病院では『半年』って言われたけど……。半年の命なら、人生の最後には、自分の人生を考えてみたかったの。病院に入院するのは嫌だったし、治療を続けていれば、パートの仕事もなんとかできるから……」

病気のことを知ったときは、「死」を考えることも怖かったと言っていました。それが、週に二日間、お寺でお経を読んだり、座禅をしたり、作務（寺院内や境内の掃除）をしてゆくうちに、死に対する恐怖心が消えてきました。

そして、二ヶ月後には「生きたい」と希望を持てるようになりました。

私は、目を輝かせて話す彼女のことを忘れられません。

「病気は治ることが分かったの。癌を克服した人もたくさんいるけれど、私は、癌が治っても治らなくても、どちらでもいい。ただ、生きる希望が見つかったから。将来は、白い家に住みたいの。暖かい日差しの入る白くて素敵な家に。医療関係の人と結婚して、病気で悩んでいる人の話を聞いてあげられる仕事もしたいと思って、少しずつ、心の勉強をはじめたところなの。暖かくてお日様の光がたくさん入ってくる白い家。私、今までずっと、暗くて夢も希望もない世界にいたのよ。こうして考えてみると、私の今までの人生って、自分がそうしていただけ。うまく行かないことがあると、すぐに下を向いてきた——。そんなことを三十年以上もくり返してきたの。お経を読んでいくうちに、心が暖かくなってきて、仏様に包まれているように感じたの。何だったのかしら？　でも、すごく幸せな気持ちになれたわ」

それから半年が経ちました。

彼女は、今でもお寺で週末に雲水修行をしています。癌も進行が止まり、病院の検査では、ほとんどなくなったそうです。青白かった顔色も、綺麗なピンク色になり、洋服も明るい色を選ぶようになりました。誰が見ても、病気だったなんて分からないと思います。

家を建てるイメージングをはじめたところ、お金も不思議なくらい入ってくるそうです。

心の平安、心の平静を得ると、不安や恐怖心がなくなり、春の野原で日なたぼっこをしているような暖かさを感じます。そしてその不安や恐怖心のない心は、透明で清らかな小川のように、さらさらとしています。

そういう心境になると、人生がまったく変わってゆくのです。

道を楽しむ

最後に「道を楽しむ」ということを話します。

人は、どうしても結果主義に陥りやすいものです。目の前の結果で「良い・悪い」を判断します。けれども、その成果が出る過程を楽しむ境地も大切です。

山に登るときでも、頂上に到達することのみを考えていたら、味気ないものですね。登る途中にある景色を楽しみ、おいしい空気を吸うことも山登りの喜びです。

自分が豊かになる過程を楽しみながら、じっくりと心の宇宙を広げてゆくことは格別な幸せです。

どうか道を楽しむ、という豊かな気持ちも大切にしてください。あらゆるところに豊かさの種を見つけてください。

宇宙の富を引き寄せるサインは、あなたの回りにたくさんあります。

一見、マイナスと思えることが、実は大成功への道だったという話も聞きます。目の前の現実に、一喜一憂することなく、豊かさを味わいましょう。

あなたには、大黒天の使命が必ずあるのです。

おわりに　行雲流水の境地に出会う

「雲水修行」をしている仲間やかつてしていた友人・知人たちは、明るくさわやかで、心豊かな人たちばかりです。

人生の局面で様々な問題が起きてきても、驚くようにスイスイと身をかわしていきます。

もちろん、悩み苦しみがないわけではないと思いますが、悩みの解決のスピードがものすごく速いのです。そして、幸せな方向へ、豊かな方向へと人生行路を選択してゆきます。心はいつも軽やかで自由です。

たとえ心揺れることがあっても、すぐに穏やかな状態に戻すことができます。なぜなら、日々の修行で心の平静を味わっているので、その状態に心の針を簡単にリセットできてしまうのです。

そんな行雲流水の境地を、日常生活の中でも、体験していただけたならとてもうれしく思います。

最後に、この本を作り上げていく喜びと愛情を注いでくれた、総合法令出版の有園智美さん、全国・全世界の雲水仲間たちに心からの感謝を捧げます。

平成二十二年　九月吉日

K・J・深谷

プロフィール

K・J・深谷

高次元哲学者、ワークライフバランス普及アドバイザー。仏教系本山の雲水として修行に励みながら、潰れる寸前だった家業の商店を劇的に回復させる。著書に「7次元からの感謝」「大切な人に話したい7つの物語」「運気7つの法則」（すべてビジネス社刊）がある。

聖なる力が味方になる雲水修行

2010年10月5日　初版発行

著　者　K.J.深谷
発行者　野村直克
発行所　総合法令出版株式会社
〒107-0052
東京都港区赤坂1-9-15　日本自転車会館2号館7階
電話　03-3584-9821（代）
振替　00140-0-69059

印刷・製本　中央精版印刷株式会社

ISBN978-4-86280-225-5
落丁・乱丁本はお取替えいたします。
総合法令出版ホームページ　http://www.horei.com/

5分で運がよくなるピアノレイキ

一瞬で波動が変わるCDブック

橋本翔太・著　定価 1575円（税込み）

付属CDをかけたとたん、
運気がアップする

「ピアノレイキ」とは、人や場のエネルギーを高めるレイキ（気）を込めてピアノで演奏した、著者オリジナルのヒーリング音楽です。

付属CDの音源は、朝・昼・夜というテーマで３曲収録。合計たっぷり45分を収録しています。また本書では、気分と運の関係性や、気持ちを切り替える思考法、収録音源をつかった朝・昼・夜のピアノレイキワークも収録しています。